LA VOIX DE LA FRANCE.

RÉFLEXIONS

SUR

NOTRE SITUATION INTÉRIEURE

ET EXTÉRIEURE,

ET SUR

la Mission à remplir

PAR LE NOUVEAU MINISTÈRE.

---

31 MARS 1840.

« Le vrai gouvernement représentatif est la
démocratie de la raison éclairée. »

(Commentaire sur l'Esprit des Lois).

Paris,

LE DOYEN, au Palais-Royal, galerie d'Orléans, 31.
PASTORI, à l'INSTITUT ITALIEN, rue Neuve-Vivienne, 34.

PRIX : 50 CENTIMES.

SOMMAIRE.

Le Ministère veut se maintenir au pouvoir ; la France désire qu'il s'y maintienne. La Chambre élective veut éviter une dissolution ; la France désire que cette mesure ne soit pas immédiatement nécessaire. Donc, les ministres et les députés doivent s'occuper sérieusement et activement des vrais intérêts publics. Sinon, une crise nouvelle devieudrait inévitable. Ils doivent donner des élémens de bien-être et des gages de stabilité au pays ; ils doivent raffermir le gouvernement représentatif, trop souvent compromis par la faute des gouvernans.

Pour LA POLITIQUE INTÉRIEURE, il faut rallier les esprits et les cœurs, rétablir la confiance et l'union, eu s'occupant constamment d'améliorer le sort des masses, d'encourager le travail et la production, d'ouvrir de nouveaux et de nombreux débouchés à l'agriculture, à l'industrie, au commerce. « Le COMMERCE ou l'ÉCHANGE, dit un publiciste (1), c'est la société tout entière ; c'est l'attribut de l'homme, la source de tout bien. C'est lui qui a civilisé le monde, qui peut consolider la paix, perfectionner l'humanité, améliorer sa condition. »

Pour LA POLITIQUE EXTÉRIEURE, *la perfection du droit des gens serait la fédération des nations.* Ce grand et important résultat, la France seule pourrait le réaliser.

(1) *Commentaire sur l'Esprit des Lois.*

RÉFLEXIONS

SUR

LA SITUATION INTÉRIEURE ET EXTÉRIEURE DE LA FRANCE,

ET SUR

LA MISSION A REMPLIR

PAR LE NOUVEAU MINSITÈRE.

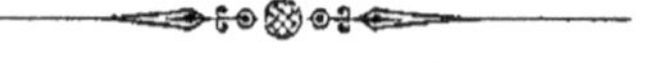

PRÉAMBULE.

L'AUTEUR de ces RÉFLEXIONS, écrites sous l'inspiration des graves circonstances qui nous environnent, est un homme sincère, vieux par l'expérience et par le malheur plus encore que par les années, toujours jeune par la pureté et l'énergie des sentimens.

Il a traversé toute la longue période de nos révolutions, depuis 1789, en remplissant toujours, sans hésiter, et dans les crises les plus orageuses, ses devoirs de bon citoyen, étranger aux partis et aux coteries, resté toujours l'homme du pays. Il prend au sérieux les affaires de sa patrie et les intérêts de l'humanité, trop souvent exploités par des passions personnelles, égoïstes, cupides, indifférentes au bien public.

Il sait, par expérience, que la position élevée des personnages investis du pouvoir, circonvenus par des médiocrités serviles, par des ambitions hypocrites, par des intrigans et des flatteurs plus ou moins souples et habiles, leur permet rarement de bien saisir et de comprendre les vérités qu'il leur importe le plus de connaître.

L'infortuné Louis XVI, la veille du 10 août 1792;

Les malheureux Girondins, la veille du 31 mai 1793;

Les membres du comité de salut public, la veille du 9 thermidor;

Le Directoire exécutif, la veille du 18 brumaire;

Le grand et puissant Napoléon lui-même, avec tout son génie, peu de temps avant son abdication, commandée par une dure et implacabe nécessité;

Louis XVIII, la veille du 20 mars 1815;

Napoléon encore, la veille de la fatale journée de Waterloo;

Charles X, jusqu'au 30 juillet 1830,

Furent tous également bercés d'illusions et d'espérances mensongères, et demeurèrent plongés, jusqu'à la derrière heure où le pouvoir leur échappa, dans une ignorance profonde des immenses et imminens dangers qui allaient amener leur inévitable ruine.

Tant d'exemples, récens et terribles, seront-ils perdus pour les rois et les chefs de gouvernemens contemporains, et pour leurs ministres et leurs conseillers responsables?...

Quand les yeux des puissans de la terre demeurent fermés aux vérités les plus évidentes, les plus essentielles à leur conservation, il arrive, au contraire, que le simple citoyen, confondu dans la foule ou caché dans une humble et modeste retraite, voit souvent, dans leur véritable jour, les hommes et les choses. Il peut, en suivant les inspirations de sa conscience et de son bon sens, exposer quelquefois des vues bonnes et utiles, éminemment conservatrices, dont l'homme, placé au pouvoir, et disposé à bien accueillir la vérité, peut faire son profit.

Un vétéran de la révolution, qui a beaucoup souffert pour elle depuis sa première jeunesse, qui en a combattu

de bonne heure, au péril de sa vie, les exagérations, les
écarts et les excès, qui en a défendu constamment les principes, qui a été méconnu, calomnié, persécuté, incarcéré,
exilé, proscrit, sous tous les gouvernemens et par tous les
partis, a été plus d'une fois l'organe fidèle de la France, tour
à tour, quoique bien jeune à cette première époque, auprès de
quelques-uns des ministres de Louis XVI, les généraux NAR-
BONNE, DUMOURIEZ, SERVAN ; auprès des chefs de la Gironde ;
auprès des farouches dictateurs de 1793, auprès des faibles
et incapables directeurs de 1796 à 1799 ; puis, auprès du
général en chef, du premier consul et de l'empereur, dont
la haute intelligence ne dédaignait pas de faire appeler,
d'interroger, de consulter, dans mainte circonstance difficile, celui en qui elle avait reconnu et apprécié un cœur
chaud, une tête froide, un esprit droit, un patriotisme vrai,
un désintéressement rare, un dévoûment absolu à son
pays, une compréhension juste des sentimens, des vœux,
des intérêts, des besoins de la nation : ce vieillard, qui a
rempli, même sous la restauration, et depuis cette époque,
par un concours singulier et fatal d'événemens successifs
dont il a toujours été victime, le rôle si ingrat de la prophé-
tesse Cassandre, révélant dans les murs de Troie à ses
concitoyens imprévoyans et aveugles les immenses malheurs
prêts à fondre sur leurs têtes, et qu'ils auraient pu prévenir
et conjurer, croit pouvoir encore aujourd'hui, poussé par
une destination secrète, instinctive, puissante, faire entendre
une voix pure et consciencieuse.... Puisse-t-elle n'être pas
repoussée !...

Cet homme n'aurait aucune répugnance à signer ce qu'il
écrit ; car il n'a jamais eu à désavouer ni ses actes, ni ses
discours. Mais, comme son nom réveillerait peut-être des préventions injustes et invétérées, long-temps propagées contre
lui par ses adversaires politiques de tous les régimes, et par
des ennemis acharnés qui se croyaient intéressés à l'étouffer
et à le perdre ; comme la puissance de ses paroles serait ainsi

atténuée et détruite dans l'opinion de plusieurs hommes de bonne foi, mais faibles et crédules, trop facilement accessibles à ces préventions, il préfère conserver l'anonyme. La force de la vérité n'a besoin de s'appuyer que sur elle-même,

Sans remonter à l'époque de 1830, sans parcourir les divers ministères qui se sont rapidement succédés depuis, sans rappeler les écarts, les erreurs, les contresens, les faiblesses, les fautes graves, les misérables intrigues qui ont souvent amené leur chute, et dont le pays a supporté les dures conséquences, nous allons poser quelques vérités de faits qui nous semblent incontestables. Puis, en examinant avec attention les traits distinctifs de notre situation intérieure et extérieure, nous tâcherons d'exposer au vrai l'état actuel de la France, de faire apprécier la nature et la cause de ses maux, les remèdes propres à les soulager, la marche, enfin, que doivent suivre les nouveaux ministres pour rendre des services importans et durables au pays, pour se conserver au pouvoir, en faisant prendre au gouvernement des racines profondes dans les sympathies, les affections, l'estime et la confiance de la nation, pour préparer à la nation et à la royauté, dont les intérêts bien compris sont communs et indivisibles, un long avenir de bien-être, de tranquillité, de stabilité, de prospérité et de gloire. Toutes ces choses sont liées étroitement les unes aux autres.

Avec une aisance plus générale et mieux répartie, due à la sollicitude active et continuelle et à l'habileté des gouvernans, nous aurons plus de garanties d'ordre et de tranquillité. Avec un état de choses plus tranquille et mieux affermi, le gouvernement sera plus solide, plus considéré, plus aimé, plus puissant pour faire le bien. Avec un gouvernement plus stable et placé à l'abri des chances de commotions et de révolutions nouvelles, la France pourra recevoir une impulsion et une direction sagement progressives, qui lui mériteront l'avantage et la gloire de se placer à la tête des nations civilisées, et de leur servir, dans l'occasion, d'arbitre, de guide et de modèle. Là, est le grand but vers lequel nous devons tendre; une politique habile et franchement nationale peut et doit facilement nous y conduire.

Maintenant, je vais résumer mes réflexions et mes pensées sur ce sujet, et les faits qui s'y rattachent, en un petit nombre de paragraphes. Si on veut les lire avec attention, les méditer dans leur enchaînement et dans leur ensemble, on y trouvera peut-être une suite d'indications que les hommes, appelés à présider aujourd'hui à nos destinées, pourront mettre à profit et appliquer.

RÉSUMÉ DES BESOINS ACTUELS ET DES VŒUX DE LA FRANCE. PROGRAMME SOMMAIRE DE LA TÂCHE IMPOSÉE A SON GOUVERNEMENT ET AUX CHAMBRES LÉGISLATIVES.

1. Je dois d'abord réfuter et détruire une assertion calomnieuse, dirigée contre la France elle-même par des hommes faux et pervers, adoptée et répandue par des hommes superficiels et irréfléchis.

On a souvent répété que le peuple français ne peut supporter aucun frein; qu'il est léger, ingrat, injuste, ingouvernable. Plus d'un soi-disant homme d'état s'est emparé de cette allégation pour s'expliquer à lui-même, et pour justifier, aux yeux des autres, son peu de succès dans l'art de gouverner.

Non, le peuple français n'est point léger. Il est ferme et constant dans sa volonté première, hautement manifestée en 1789. Depuis, à toutes les grandes époques, et surtout en 1800, 1815 et 1830, il a reproduit avec énergie les mêmes principes, les mêmes réclamations.

Non, le peuple français n'est point ingrat. Malgré les fautes immenses de Napoléon, il n'a voulu se rappeler, après la chute du grand homme, que les prodiges de son admi-

nistration habile et créatrice, de son épée victorieuse et con-
quérante : il s'est montré reconnaissant envers lui, en
oubliant à quel point il avait opprimé et détruit la liberté.

Non, le peuple français n'est point injuste. Il fait, avec
un bon sens exquis, avec une profonde sagacité, la part
des obstacles et des difficultés de tout genre qui entourent
le trône, qui entravent les ministres, qui paralysent les
meilleures intentions, si un caractère ferme ne sait point les
combattre et les vaincre. Il a une patience admirable pour
attendre les réformes et les améliorations, une résignation
parfaite dans les souffrances; il sait gré de toutes les intentions bienveillantes et généreuses; il est toujours prêt à
soutenir de sa force le gouvernement qui prend en considération sa misère et qui s'occupe de son bien-être.

Non, le peuple français n'est point ingouvernable. Il est,
au contraire, facile à gouverner, dès qu'on sait employer
avec lui les armes si puissantes de la raison et de la modération, dès qu'on suit une ligne droite, un système de justice, de sagesse et de loyauté. Alors il prend confiance dans
les agens de l'autorité ; il est toujours prêt à les seconder
pour faire maintenir l'ordre public, le règne de la vraie liberté et des lois, l'obéissance envers ceux qui sont chargés
de leur exécution, le respect des propriétés, pour assurer
la protection et les secours dus aux malheurs; mais il re-
pousse par instinct les oppresseurs, les hypocrites et les fri-
pons qui ne veulent que l'exploiter.

Donc, si la France est en effet difficile à gouverner, cher-
chons de bonne foi si la difficulté, dont on se plaint avec
tant d'amertume, n'est pas venue jusqu'ici de ceux-là même
qui gouvernent, plus encore que des gouvernés.

2. A-t-on jamais essayé de conduire les affaires publiques
avec franchise, loyauté et bonne foi? A-t-on suivi avec fermeté une direction déterminée vers un but, ou bien s'est-on
laissé entraîner par le courant, en vivant au jour le jour,
trop souvent à l'aide d'expédiens improvisés, sans avoir ja-

mais un système fixe, une pensée constante et prévoyante de bien public et d'avenir.

3. Les ministres du roi ont-ils cherché jusqu'ici à prendre leur point d'appui dans la nation, en consultant loyalement, et en cherchant à satisfaire ses vœux raisonnables et légitimes; ou bien dans les cabinets étrangers, en leur faisant de perpétuelles concessions, pour leur prouver qu'on veut acquérir et ménager leur amitié et conserver la paix à tout prix ?

4. Sans aucun doute, la paix est un bien immense, un germe fécond de tous les élémens de prospérité. Mais, pour produire ces résultats, la paix doit être fortement constituée par des alliances bien choisies et habilement conservées. Elle doit être assise sur des fondemens solides, suffisamment garantie pour un long intervalle de temps, de manière que l'on ne soit plus obligé à maintenir, sous le régime d'une paix armée, toujours incertaine, fausse, plâtrée, un véritable état de guerre onéreux, dispendieux et ruineux, qui absorbe plusieurs millions d'hommes que d'autres emplois réclament dans l'intérieur du pays, et qui dévore des millions que nous pourrions employer utilement au profit de notre agriculture, de notre industrie, de notre commerce, ou pour de grands travaux publics, pour notre instruction primaire et populaire, dans laquelle tant d'affligeantes lacunes sont à combler, et pour d'autres besoins importans et urgens qui restent en souffrance.

5. Pour avoir une paix durable et honorable, bien consolidée, il faut avoir une diplomatie vraiment nationale, intelligente, éclairée, sage et ferme, qui comprenne et défende avec dignité, modération, énergie, les intérêts du pays, qui sache faire aimer, estimer, respecter le nom français. Notre personnel diplomatique et celui de nos consulats n'ont pas été, en général, choisis d'une manière convenable et satisfaisante. Il serait facile, en parcourant les pays étrangers, et en rappelant des événemens récens survenus en Suisse,

en Espagne, au Mexique, à Buénos-Aires, et sur d'autres points encore, de prouver, par des faits, que la nation française n'a pas été noblement représentée par des agens dignes d'elle.

Il va dépendre du nouveau ministre, chef du cabinet, d'adresser à tous nos agens diplomatiques et consulaires, des instructions précises qui les forceront à mieux remplir leurs devoirs, et de changer successivement ceux qui se montreront incapables, ou qui ne répondront pas à la confiance du gouvernement et du pays.

6. Un gouvernement n'est fort que de la force et de la puissance nationales. Il a besoin d'une force morale, puisée dans l'opinion publique, dans la sympathie, la confiance, l'estime et l'affection des populations.

7. Pour réaliser tous les biens qu'une bonne administration doit procurer, et qui serviront à resserrer plus étroitement les liens de l'union entre le gouvernement et la nation, il faut que cette administration soit solidement établie, homogène, assurée de son avenir. Si elle est faible, divisée, réduite à vivre au jour le jour, toujours incertaine du lendemain, molle et indécise ; elle devient impuissante pour faire le bien : elle perd sa considération et sa force morale ; elle n'a plus les moyens de rallier à elle ses propres agens, les divers fonctionnaires et les différentes classes de citoyens.

8. Les changemens continuels de ministres sont un fléau pour un État. Des ministres précaires et provisoires, forcés de veiller sans cesse à la conservation de leurs portefeuilles, et dont la position politique est toujours menacée, n'ont point la liberté et la tranquillité d'esprit nécessaires pour s'occuper des intérêts publics.

9. L'homme d'Etat, ministre, doit pouvoir embrasser un long avenir dans ses vastes pensées.

10. Ce n'est qu'avec le temps, et lorsqu'il a pu acquérir une certaine expérience, une parfaite connaissance pratique

des hommes, des choses et des affaires, qu'un ministre devient propre à les bien diriger. Mais, si les ministres sont
changés tous les six mois ou tous les ans, ils ne peuvent jamais,
ni concevoir largement, ni exécuter avec un esprit de suite
et d'ensemble, ni conduire à son point de maturité, aucune
grande entreprise. Toutes les affaires publiques et particu-
lières sont en stagnation ; le pouvoir se déconsidère, s'a-
moindrit, s'annule ; les hommes s'usent ; la défiance et le
découragement s'emparent des esprits ; une sorte d'inertie
et de marasme fait place à l'ardeur et à l'activité qui sont la
vie des peuples : tout languit, tout souffre, tout meurt ; le
bien devient impossible. N'est-ce pas là, malheureusement,
notre situation depuis près de dix années ?

11. Puisqu'il importe, d'abord à la royauté, puis, au ministère, de s'appuyer fortement sur la nation, sur la véritable
et saine opinon publique, sur la conscience et le bon sens
du pays, les ministres doivent porter leurs regards et leurs
pensées en dehors et au-dessus des petites intrigues et des
sourdes menées qui s'agitent autour d'eux et contre eux,
soit à la cour, soit même au sein des Chambres, où quelques hommes de parti et de coterie leur tendent des
pièges et spéculent sur leurs faiblesses et sur leurs fautes.
Une sphère plus élevée les réclame. — Qu'ils sachent
obéir loyalement au vœu national ; qu'ils s'en rendent les
fidèles interprêtes auprès de la couronne, auprès des Chambres ; ils obtiendront, plus facilement et en moins de temps
qu'on ne croit, une majorité imposante dans la chambre
élective ; celle-ci entraînera l'autre.

12. Si cette majorité, dans une Chambre trop subdivisée
en fractions, trop souvent variable et flottante, venait à
manquer aux ministres, qu'ils sachent en appeler avec
confiance à la nation, et ne pas reculer devant la nécessité,
toujours néanmoins très fâcheuse, d'une dissolution nouvelle. Car ce remède héroïque ne doit être employé qu'avec
une sage réserve. Il faut éviter de trop user les ressorts du

gouvernement représentatif, et ne point fatiguer la nation par des élections trop fréquemment renouvelées.

13. Ici pourrait trouver place la question de la Réforme Électorale ; mais elle paraît devoir subir encore un ajournement: ce qui est un malheur pour le pays. Je me bornerai à dire, en me proposant de la traiter plus tard avec les développemens convenables, que, si le gouvernement sait et veut en prendre l'initiative, il fera une chose sage, et utile pour lui-même; il ira au-devant d'un besoin qui ne tarderait pas à se manifester sous des formes irritantes, qui devient chaque jour plus urgent, et dont l'exigence et les prétentions croîtront d'autant plus qu'on aura voulu lui résister, ou qu'on aura trop différé de le satisfaire.

14. Ne vaut-il pas mieux se mettre à la tête du mouvement pour s'en rendre maître, et le conduire avec prudence, que de se laisser dominer et entraîner par sa force irrésistible? L'art de gouverner est l'art de prévoir, de bien juger l'opportunité, d'accorder à temps ce qu'on ne saurait refuser sans péril, et, quand le moment est venu, d'agir de bonne foi, avec franchise et fermeté.

15. Loin de s'affaiblir, en modifiant le système actuel des élections fractionnées par arrondissement, et en étendant, d'après de justes proportions, les limites électorales, le gouvernement se fortifiera de l'adhésion et de l'appui des hommes capables d'exercer leurs droits politiques, placés aujourd'hui, par des exclusions maladroites autant qu'injustes, dans un état d'ilotisme politique et social qui les rend, par un sentiment naturel et instinctif, sinon hostiles au gouvernement, du moins peu disposés à le soutenir et à le seconder.

16. La Charte constitutionnelle, qui porte (article 36) que « la moitié, au moins des députés sera choisie parmi les » éligibles qui ont leur domicile politique dans le département », et qui laisse la faculté de choisir l'autre moitié dans toute l'étendue de la France, a suffisamment indiqué,

par cette sage disposition, la convenance et l'utilité d'avoir une représentation à peu près égale des intérêts généraux et nationaux de la France, et des intérêts particuliers et locaux d'un département, qui sont, en réalité, d'une tout autre importance que les intérêts isolés d'un arrondissement

17. Pour accomplir ce vœu de la Charte, il est nécessaire que tous les électeurs d'un département participent aux choix de tous les députés de ce département. Car, c'est le seul moyen d'obtenir, dans chaque députation, le juste partage indiqué par la Charte, et de rendre l'élection vraiment utile au pays.

18. Donc, le mode électoral actuel, qui rend presque impossible l'application d'une disposition essentielle de notre loi fondamentale, est contraire à l'esprit et au texte de cette loi. Les colléges fractionnés, convoqués le même jour dans les chefs-lieux de leurs arrondissemens respectifs, sont dans l'impossibilité d'observer la distinction si importante qu'on a signalée, et de choisir, à peu près par moitié, des hommes de la localité départementale, et des hommes étrangers au département, mais membres de la grande famille française.

19. D'un côté, le principe de l'unité nationale est méconnu et sacrifié; de l'autre, le droit électoral perd beaucoup de son étendue et de son importance. Car, dans un département qui envoie quatre ou huit députés à la chambre, chaque électeur, n'étant appelé à en nommer qu'un seul dans son arrondissement, perd les *trois quarts* ou les *sept huitièmes* de son droit. Dans le département du Nord, qui nomme douze députés, l'électeur est dépouillé des *onze douzièmes*, et dans le département de la Seine, qui en nomme quatorze, des *treize quatorzièmes* de son droit.

Ainsi, la nature de l'élection est totalement changée. Le gouvernement qui croit avoir, mais qui n'a plus, en réalité, les représentans véritables et les organes légitimes du pays, souffre, autant que le pays lui-même, de ce mensonge légal,

Le Gouvernement représentatif est altéré et faussé dans son principe.

20. Si la chambre actuelle se croit intéressée à reculer la réforme électorale, il faut qu'elle sache mieux comprendre et mieux servir les vrais intérêts généraux de la France, qui sont aussi, je le répète, les intérêts de son gouvernement.

21. Cette chambre est beaucoup trop envahie par tous les genres de fonctionnaires et d'aspirans aux fonctions publiques ; ce qui est la plaie du moment, la cause réelle des embarras du pouvoir et des justes mécontentemens du pays. Si elle veut rendre moins sensible cette composition vicieuse, qui compromet sa dignité et son existence, elle doit s'affranchir des petites passions qui la travaillent, de l'esprit étroit et mesquin qui la domine. Elle doit secouer ses vieilles habitudes de mollesse, de dépendance, de servilité, pour entrer dans des voies nouvelles et pour n'accorder ses votes qu'aux hommes, aux actes ou aux projets de lois, qui ont évidemment en leur faveur l'opinion et l'assentiment de la masse nationale.

22. La question des chemins de fer est peut-être celle qui a le plus besoin d'être promptement résolue. Car des devis erronés, des fautes graves, d'inconcevables lenteurs, nous ont déjà fait perdre un temps précieux. Nous restons, pour ces nouvelles voies de communication, très en arrière de plusieurs grands Etats. Des combinaisons funestes à nos intérêts agricoles, industriels et commerciaux, vont se former, avant peu, dans quelques pays voisins, si nous ne prenons enfin des mesures propres à ranimer chez nous l'esprit d'association, à rendre la confiance aux compagnies honorables qui existent, ou qui sont disposées à se former.

Le gouvernement ne doit pas descendre lui-même dans l'arène, pour entrer en concurrence avec des intérêts privés. Il doit conserver sa position supérieure d'arbitre et de juge suprême, pour contrôler, surveiller et bien garantir les intérêts publics. Il doit accorder, avec discernement et avec justice, son appui et son concours aux entreprises qui peuvent y avoir des droits et qui les réclament. Il lui faut, par ce motif, une certaine latitude et une grande liberté d'action pour pouvoir, suivant les circonstances, satisfaire de la manière la plus convenable aux divers besoins des entreprises et des localités.

23. La CONVERSION DES RENTES doit être sagement combinée, de manière à n'altérer en rien la foi publique et la sainteté des engagemens contractés par l'État, à ne point trop abandonner à l'arbitraire ministériel le moment précis et les moyens d'exécution d'une mesure qui touche à tant d'intérêts privés et au crédit national, à faire réduire le taux de l'intérêt, à rendre ainsi disponibles, au profit de l'agriculture et de l'industrie, des capitaux, devenus très rares, qu'elles ne peuvent aujourd'hui se procurer que très difficilement, et à de trop dures conditions.

24. Les mêmes causes font vivement désirer la *réforme immédiate du système hypothécaire*, qui rend trop difficiles les mutations de propriétés, et qui entrave toutes les transactions.

25. Il faut apporter des vues analogues dans l'examen et la solution des questions concernant la prorogation du privilége de la BANQUE DE FRANCE, et la fondation des BANQUES AGRICOLES et INDUSTRIELLES, les unes *départementales*, les autres *communales*, si instamment demandées sur plusieurs points du royaume.

26. La même nécessité urgente d'ouvrir de nouveaux et de plus grands débouchés à nos produits, de favoriser et d'encourager nos relations commerciales au dehors, doit suggérer d'importantes modifications dans notre LÉGISLATION DOUANIÈRE. Elle doit présider aux négociations entamées pour des *traités de commerce* avec l'Angleterre, avec l'Espagne, le Portugal, le royaume de Naples, avec divers Etats de l'Amérique du Sud, et avec d'autres pays. Elle

doit aussi faire accélérer l'organisation de la *navigation transatlantique* et l'établissement de communications actives, régulières, fréquentes, au moyen de grands bâtimens à vapeur qui, en multipliant et perfectionnant les voyages de long cours, feront trouver, dans la marine marchande, d'utiles auxiliaires pour la marine de l'Etat. Notre prépondérance commerciale, militaire et politique recevra ainsi de notables accroissemens ; des carrières productives, et attrayantes s'ouvriront pour les générations nouvelles, et le pays entier ressentira les immenses avantages de ces améliorations essentiellement liées les unes aux autres.

27. La LOI DES SUCRES, qui a d'avance donné lieu à de si vives réclamations contradictoires, mérite une attention consciencieuse et doit être conforme aux principes d'une justice impartiale. Il serait absurde d'anéantir, avec l'énorme sacrifice de quarante millions, une branche d'industrie nationale qui a pris de grands développemens, qui se lie dans plusieurs départemens à la prospérité de notre agriculture, qui fait travailler et vivre plusieurs millions de familles, qui, dans une circonstance plus ou moins rapprochée, nous rendra les mêmes services dont nous lui avons été déjà redevables. Sans vouloir sacrifier les intérêts coloniaux, mais en accordant une forte réduction sur les droits, en laissant aux colons la faculté d'exporter leurs sucres ailleurs que dans la métropole, il faut surtout songer aux besoins et aux intérêts des agriculteurs, des fabricans indigènes et des consommateurs. La diminution de l'impôt, qui produira une diminution considérable dans le prix des sucres, pourra en faire décupler la consommation ; ce qui importe à l'hygiène et à la santé publiques, ainsi qu'au bien-être des familles pauvres ou peu aisées. La consommation, ainsi décuplée, compensera, et au-delà, pour le gouvernement, les sacrifices qu'il aura faits, en réduisant les droits.

28. Une loi, souvent promise, sur l'INSTRUCTION SECONDAIRE, doit approprier notre éducation publique, dont le

système général est encore si vicieux, aux besoins de notre époque, pour en faire une véritable *préparation de la jeunesse aux diverses professions de la vie sociale.*

29. Une loi sur le RÉGIME PÉNITENTIAIRE, qui devra introduire et affermir dans nos maisons de détention les habitudes de travail et de moralité, aura également pour objet de garantir, par des dispositions spéciales, nos villes et nos campagnes de cette infection contagieuse et funeste qu'y rapportent les forçats libérés après l'expiration de leur peine. Il est temps de faire disparaître cet exécrable fléau du sein de nos sociétés civilisées qu'il corrompt, désole et déshonore.

30. La pensée du législateur devra également rechercher avec soin les moyens d'établir une MEILLEURE ORGANISATION DU TRAVAIL, et d'apporter un remède efficace à la lutte sourde et acharnée qui, sous le nom spécieux de *libre concurrence*, constitue au sein de notre société une véritable guerre entre les hommes qui exercent la même profession, et qui trouvent leur intérêt à se nuire mutuellement, au lieu de s'entr'aider. Il s'agirait de poser les bases d'un *Code industriel*, combiné avec un bon *Code rural*, et avec notre *Code de commerce*, modifié dans quelques-unes de ses dispositions, qui pourra satisfaire aux vrais besoins des trois grandes classes agricole, industrielle et commerçante, sans perdre jamais de vue les droits et les intérêts des consommateurs.

31. Parmi les questions, sinon urgentes, du moins essentielles, dont le pays attend la solution, il ne faut pas omettre l'ORGANISATION DÉFINITIVE DU CONSEIL D'ÉTAT, que Mirabeau appelait énergiquement « l'un des bagages les plus embarrassans de la monarchie; » qui, dans l'ordre de choses actuel, est encore une institution bâtarde, participant à la fois des trois pouvoirs législatif, administratif, judiciaire, et qui est loin d'offrir de suffisantes garanties aux intérêts privés dans leurs rapports avec l'Etat.

32. Un Code militaire et un Code maritime, dont les élémens sont élaborés depuis long-temps, où soient déterminés avec précision les devoirs et les droits de tous les individus appelés à la défense de la patrie, qui ne doivent jamais oublier, qu'en devenant militaires ou marins, ils ne cessent pas d'être citoyens, et de vivre sous l'égide protectrice de la loi, sont un complément nécessaire et important de nos institutions.

33. Il convient d'y ajouter une Charte administrative, sagement combinée pour assurer une position honorable, un avancement régulier, un avenir aux divers employés de l'Etat qu'il faut garantir contre les chances, souvent funestes pour eux, des reviremens et des caprices ministériels.

34. Une bonne loi, depuis long-temps attendue, sur la responsabilité *réelle et effective* des ministres et des agens de l'autorité, assurera, au ministère qui l'aura proposée et fait adopter, des droits à la reconnaissance publique.

35. Le respect inviolable dû à la liberté individuelle n'est point suffisamment consacré par notre législation ; et la patriotique persévérance de l'honorable M. le baron Roger, *du Loiret*, pour combler, à cet égard, une lacune fâcheuse dans nos lois, triomphera sans doute avant peu des résistances qu'elle a rencontrées jusqu'ici.

36. Le vœu formel exprimé par B. Constant, peu après 1830, devra être reproduit et consacré dans un Code spécial de la Presse, qui résultera d'une révision générale des lois concernant les brevets des imprimeurs, les crieurs publics et les délits de la presse. Ce code, en donnant à la presse, devenue l'un des pouvoirs publics, une organisation régulière, et en la soumettant à la juridiction libre du jury, devra assurer l'indépendance de son action et la mettre à l'abri de toute mesure oppressive et arbitraire. Il devra en même temps garantir les citoyens et les fonctionnaires contre les attaques violentes et injustes, contre les diffamations

et les calomnies, et la morale publique contre les écarts et
les excès d'une licence effrénée. Ainsi, seront également sa-
tisfaites les réclamations légitimes des amis d'une sage et
vraie liberté, et les justes exigences de l'autorité et de l'ordre public.

37. Un travail complet sur la RÉDUCTION et la MEILLEURE
ASSIETTE DES IMPÔTS, et un *contrôle sévère de leur emploi*,
sont au nombre des nécessités de notre époque.

38. Il conviendra d'accorder aux vœux et aux besoins du
pays une certaine EXTENSION DU POUVOIR MUNICIPAL, pouvoir qui fut souvent respecté, même par des rois absolus, et
qui, renfermé dans de justes limites, est plus apte que le pouvoir central à diriger, avec intelligence, économie et célé-
rité, les affaires locales.

39. L'ORGANISATION INDUSTRIELLE DE L'ARMÉE, en partie
employée aux grands travaux publics, et préservée de l'oi-
siveté dangereuse des garnisons, permettra de réaliser, en
quelques années, plusieurs ouvrages importans d'utilité nationale, et d'exciter, sur tous les points du territoire français, une émulation salutaire et un redoublement d'activité.

40. L'organisation d'une INSTRUCTION PRIMAIRE ET GRA-
TUITE, *largement répandue dans toutes les communes de
France*, dette première et sacrée de la patrie et du gouver-
ment envers tous les citoyens, sera facilement conciliée avec
une sage LIBERTÉ DE L'ENSEIGNEMENT, qui n'exclut point les
garanties que peuvent réclamer la morale publique et l'intérêt des familles.

41. PEU DE LOIS, pour qu'elles soient mieux connues et
plus strictement observées; mais RÉVISION SUCCESSIVE ET
SÉVÈRE DES LOIS EXISTANTES, souvent incohérentes ou
même contradictoires, pour réunir dans un petit nombre
de CODES SPÉCIAUX toutes les lois qui se rapportent à la
même matière, pour faire ainsi disparaître les lois inutiles ou
vicieuses, pour rendre la science des lois plus accessible, leur
exécution plus facile, leur culte plus digne de nos respects.

42. Au dehors, la QUESTION D'ORIENT, si compliquée, et qui comprend à elle seule tant d'intérêts divers, en apparence opposés, qu'une politique habile, ferme et impartiale peut seule concilier, doit fixer les plus sérieuses méditations du gouvernement. Il ne doit, ni abandonner la Turquie à la protection exclusive et dangereuse de la Russie, ni priver le vice-roi d'Egypte du légitime appui qu'il est fondé à espérer de la France, ni renoncer à la part d'influence qui lui appartient dans la solution de cette question, ni méconnaître sa connexion intime et nécessaire avec nos intérêts commerciaux et maritimes dans la Méditerranée, en Italie et en Grèce, avec la conservation et la prospérité de notre colonie d'Alger.

43. L'Egypte n'est plus aujourd'hui, par le fait, une partie intégrante de l'empire Ottoman. Dans l'intérêt même de cet empire, de son intégrité et de sa sûreté, l'Egypte indépendante vaut mieux pour lui que l'Egypte sujette. Car elle serait toujours une vassale turbulente, d'un exemple dangereux ; et la nécessité de contenir, par la force ou par la ruse cette province éloignée, toujours disposée à secouer le joug, entraînerait pour la Turquie d'énormes dépenses et de graves inconvéniens. Au contraire, LA TURQUIE ET L'EGYPTE, *constituées et reconnues comme deux Etats distincts et indépendans,* n'ayant plus à se défier l'une de l'autre, ni à se craindre mutuellement, mais unies par une étroite alliance que resserrera encore la communauté de religion, de mœurs et d'intérêts, agiront de concert pour prévenir et conjurer les envahissemens qui pourraient les menacer : elles seront l'une pour l'autre une double garantie contre les éventualités de la guerre, et seront portées, par le sentiment d'une émulation mutuelle et d'un amour-propre national, puissant sur les populations, à s'avancer, d'un commun accord, dans les voies d'une civilisation progressive. Pour cela, il faut d'abord qu'elles soient affranchies des embarras, des angoisses, des dangers qui absorbent maintenant toute leur

politique, tous leurs soins, toutes leurs richesses en argent
et en hommes, et qui les empêchent, au grand préjudice
de l'Europe occidentale, et surtout de la France et de l'Angleterre, de s'occuper immédiatement, soit d'améliorer et
d'augmenter leurs ressources intérieures, soit d'étendre
leurs relations au dehors, et de donner un grand et utile
développement à leur commerce avec les autres nations.

44. Quant à la QUESTION D'ALGER, qui n'est pas non
plus susceptible d'être traitée dans une simple NOTE, l'organisation d'une administration civile régulière, qui attire-
rait de nombreux colons de tous les pays, et l'établissement
d'un ou de quelques ports francs, seraient peut-être au nombre des meilleurs moyens de rendre cette possession moins
onéreuse pour la métropole, et plus promptement produc-
tive et florissante.

45. Quelque nombreux et variés qu'ils puissent paraître,
les divers points sur lesquels nous appelons ici l'attention
doivent, presque tous, être successivement abordés et même
décidés, sinon dans cette session, du moins dans les deux
sessions qui la suivront. C'est ainsi que des ministres, vraiment patriotes, pourront prolonger honorablement leur existence politique, en faisant succéder enfin des sessions utiles et productives aux sessions stériles et nulles, ou livrées
à de misérables et ignobles intrigues, qui ont trop souvent
affligé le pays, et qui lui occasionnent d'incalculables pertes
(de plus d'un milliard. par année), et d'irréparables malheurs.

46. Tous les matériaux sont prêts et disponibles ; beaucoup d'hommes éclairés et spéciaux ont déjà examiné et
mûri la plupart des questions indiquées. Avec de la bonne
foi et un amour sincère du bien public, on peut regagner le
temps perdu, et nos députés voudront sans doute seconder
l'autorité exécutive, si elle veut et sait leur donner le signal
et l'impulsion. Que les petites discussions personnelles fas-
sent enfin place aux grandes discussions des intérêts nationaux, depuis si long-temps en souffrance.

47. Ranimez l'activité dans les travaux publics et dans les grandes entreprises, presque toutes ajournées et suspendues, vous rendrez de l'occupation et des moyens d'existence à des millions d'ouvriers qui ont besoin de travail et de pain.

48. Si les classes laborieuses et souffrantes voient qu'on s'occupe d'améliorer leur sort, elles cesseront d'éprouver ces angoisses, ces irritations, ces dispositions malveillantes qui ont trop souvent produit des explosions dangereuses. Si le gouvernement n'est plus dans le cas de se défier des populations mécontentes et de s'armer contre elles, il verra décupler sa force et sa puissance dans l'intérieur : il sera plus en état d'exercer au dehors une salutaire influence sur les décisions des grandes puissances, dans les questions délicates et difficiles qui vont s'agiter. Si les diplomaties étrangères s'habituent à reconnaître et à respecter la voix, e, au besoin la volonté de la France, celle-ci, usant toujours avec sagesse et modération de sa prépondérance naturelle et légitime, et ne demandant que ce qui importe au juste équilibre des puissances européennes, à la tranquillité et à la paix du monde, obtiendra une *réduction proportionnelle dans les forces militaires des différens Etats ;* ce qui fut long-temps l'espérance, le vœu et le but de Casimir Périer. Tous les pays éprouveront les effets bienfaisans du désarmement général, qui, à lui seul, sera un auxiliaire puissant pour tous les genres de progrès et de perfectionnement dans les institutions sociales, dans les sciences, dans les arts, dans l'industrie, dans les mœurs, et dans toutes les branches de l'administration publique.

49. Il faut sortir enfin de la situation critique, incertaine , précaire, dans laquelle nous sommes balottés depuis dix années. Nous en sortirons, par la violence ou par la sagesse, par des révolutions ou par des voies régulières et pacifiques, par la paix solidement affermie ou par une guerre générale qui éclatera sur plusieurs points.

50. Ministres du roi et de la France, si vous êtes assez sages et assez habiles pour comprendre et pour remplir votre mission, vous pouvez fortifier le trône, calmer les passions, pacifier le pays, mériter l'estime des gens de bien, rétablir la confiance et le crédit publics, réduire à l'impuissance et au néant les médiocrités intrigantes et les ambitions hypocrites qui voudraient exploiter la France et faire servir ses embarras et ses malheurs au profit de leurs vues égoïstes.

Au contraire, en suivant les traces de vos dévanciers qui ont manqué de franchise, de sagesse et de fermeté, vous donnerez encore à la France et au monde, après quelques mois d'une existence inquiète, agitée, éphémère, le scandale d'un nouveau remaniement ministériel, qui, achevant de démontrer l'insuffisance et l'incapacité de la plupart des hommes politiques du jour, et donnant raison aux calomniateurs de la France qui lui reprochent depuis long-temps de manquer d'hommes éminens, intégres, capables et dignes de la conduire, fera sentir la nécessité douloureuse, et devant laquelle reculent les esprits les plus fermes, d'ébranler et de bouleverser peut-être tout notre édifice politique et social, pour obtenir, par une renovation complète, la cessation des maux de tout genre que nos prétendus hommes d'Etat n'ont fait jusqu'ici qu'aggraver.

51. Entre ces deux rôles à remplir, Ministres de la France et du roi, CHOISISSEZ. Votre sort, et, à quelques égards, le sort du pays, pour plusieurs années, va dépendre du choix que vous aurez fait.

52. Ce n'est point la forme, ni même le personnel du gouvernement, qui importent le plus au pays. Mais c'est la manière dont le gouvernement remplit sa tâche, qui consiste à S'OCCUPER UTILEMENT ET ACTIVEMENT DU BIEN-ÊTRE DU PLUS GRAND NOMBRE.

—→·→·ɔ·ɔ·O·ɔ·ǝ·ɔ·ɛ·ɛ—

Imprimerie de Mme De Lacombe,
rue d'Enghien, 12.